Must Know Earthquake Story for Children

In the last 40 years, the number of earthquakes in Korea have slightly increased. Small earthquakes have been observed on average 25 times a year in Korea since 1978. Korea had been relatively safe from major earthquakes over the last 220 years, but this has built up potential the risk.

With the earthquakes of Kyongju and Pohang came concerns that Korea is no longer safe from earthquakes. Should Korea prepare better for an earthquake?

An earthquake is the moving of the earths surface, resulting from the sudden release of energy in the Earth's lithosphere. It also creates seismic waves. When the epicenter of a large earthquake is located offshore, the seabed may be displaced sufficiently to cause a tsunami. Earthquakes can also trigger landslides, and occasionally volcanic activity. So, earthquakes can kill people and damage the places where people live.

But, It is a must business for Earth. Deep beneath the Earth's surface, energy is stored within the rocks as heat. If Earth doesn't release some of this stored energy in the crust, there will be no balance.

There is no guarantee that earthquakes will never hit Korea. Earthquakes can happen anytime, anywhere. In fact, natural disasters are unpredictable, and the damage they cause is often unavoidable. However, the proper measures should be taken to guard against them.

This book describes stories about earthquakes. Children can learn the scientific understanding of earthquakes through this book. I bet these children will be careful about earthquakes in the future!

In the Text
* *What are Earthquakes?*
* *The Birth of Earth*
* *Earthquakes away from plate boundaries*
* *Cause of earthquakes*
* *Principles and classification of earthquakes*
* *Intensity and magnitude of earthquakes*
* *The awful horrors of the tsunami*
* *Some animals have the ability to predict earthquakes*
* *Prepare for an earthquake*

오늘도 흔들흔들 지진 연구소

풀과바람 지식나무 40

오늘도 흔들흔들 지진 연구소
Must Know Earthquake Story for Children

1판 1쇄 | 2018년 11월 29일
1판 4쇄 | 2020년 1월 30일

글 | 김남길
그림 | 이리

펴낸이 | 박현진
펴낸곳 | (주)풀과바람
주소 | 경기도 파주시 회동길 329(서패동, 파주출판도시)
전화 | (031) 955-9655~6
팩스 | (031) 955-9657
출판등록 | 2000년 4월 24일 제20-328호
홈페이지 | www.grassandwind.co.kr
이메일 | grassandwind@hanmail.net

편집 | 이영란
디자인 | 박기준
마케팅 | 이승민

ⓒ 글 김남길, 그림 이리, 2018

이 책의 출판권은 (주)풀과바람에 있습니다.
저작권법에 의해 보호를 받는 저작물이므로 무단 전재와 복제를 금합니다.

값 11,000원
ISBN 978-89-8389-764-0 73450

※ 잘못 만들어진 책은 구입처에서 바꾸어 드립니다.

이 도서의 국립중앙도서관 출판예정도서목록(CIP)은 서지정보유통지원시스템 홈페이지(seoji.nl.go.kr)와
국가자료공동목록시스템(http://www.nl.go.kr/kolisnet)에서 이용하실 수 있습니다. (CIP제어번호 : CIP2018035380)

 제품명 오늘도 흔들흔들 지진 연구소 | **제조자명** (주)풀과바람 | **제조국명** 대한민국
전화번호 (031)955-9655~6 | **주소** 경기도 파주시 회동길 329
제조년월 2020년 1월 30일 | **사용 연령** 8세 이상
KC마크는 이 제품이 공통안전기준에 적합하였음을 의미합니다.

⚠ **주의**
어린이가 책 모서리에
다치지 않게 주의하세요.

오늘도 흔들흔들 지진 연구소

김남길 · 글 | 이리 · 그림

풀과바람

머리글

위험하지만 꼭 필요한 지각 운동, 지진

여러분은 어려운 숙제나 복잡한 난관에 부딪혔을 때 혹시 '머리에 지진 난다'고 하지 않나요? 어떤 문제의 실마리가 보이지 않을 때 저절로 튀어나오는 한탄이죠.

그러나 위에서 말한 지진과 달리 실제의 지진은 단순히 머리만 복잡해지는 것이 아닙니다. 온 나라 전체에 난리가 나지요. 재난 상황은 금세 국제 톱뉴스로 전해져 전 세계의 시선이 집중되지요. 지진은 지구

촌을 위협하는 무서운 자연재해니까요.

　현대인들이 느끼는 지진의 이미지는 파괴, 공포, 재앙 등의 피해 사례뿐입니다. 한편으로 우리는 지진의 무서움을 인정하며 당연하게 받아들이고 있어요. 지구 역사 이래로 지진은 과거에도 있었고, 현재도 진행 중이며, 미래에도 있을 예정이니까요.

　우리는 이미 학습을 통하여 그 사실을 모두 알고 있어요. 따라서 오늘내일 우리 곁에서 당장 지진이 발생하더라도 전혀 이상한 문제가 아니지요.

　지진은 인간의 힘으로 막을 수 없습니다. 어느 정도 예측이 가능하여 피난할 수는 있지요. 그것만이 지진에 대비하는 현실적인 처신이랍니다.

　지진은 분명히 무서운 존재지만, 지질 활동이 멈추게 되면 지구 전체에는 더 큰 문제가 발생하게 됩니다. 그 이유를 본문에서 차근차근 밝혀보도록 해요. 우리가 지구촌에 함께 살아가는 동안에는 부디 지진으로부터 안전한 세상이 되었으면 좋겠습니다.

김남길

차례

- **01** 땅을 흔드는 지진 --- 8
- **02** 빵! 터진 우주, 빅뱅 --- 14
- **03** 뜨거운 멜론, 지구 --- 19
- **04** 꿈틀꿈틀, 살아 있는 지구 --- 26
- **05** 지각 판이 움직여요 --- 32
- **06** 지각 운동의 흔적, 단층 --- 38
- **07** 지진의 원리와 분류 --- 44
- **08** 무서운 지진 해일, 쓰나미 --- 52

09 지진을 측정해 보자 --- 58

10 대비하지 않으면 더 큰 피해를 보아요 --- 66

11 우리나라는 정말 지진으로부터 안전할까? --- 74

12 지진을 감지하는 동물들 --- 80

13 지진이 났을 때 어떻게 하지? --- 88

지진 관련 상식 퀴즈 --- 94

지진 관련 단어 풀이 --- 96

01 땅을 흔드는 지진

흔들리는 지구

여러분은 지진을 경험한 적이 있나요? 아마도 대부분의 친구들은 지진을 직접 겪어 보지 못했을 거예요. 하지만 예나 지금이나 지진은 늘 우리 주위에서 일어나고 있어요. 단지 지진의 규모가 작아서 느끼지 못할 뿐이죠.

지진은 '땅이 흔들리는 현상'입니다. 진원으로부터 진동이 메아리처럼 퍼져 나가며 지각을 울리는 운동이죠. 그 여파는 진도의 규모에 따라 수십에서 수백 킬로미터에 이르지요.

일단 지진이 발생하면 근본적으로 지각이 흔들리게 됩니다. 지진의 규모가 크면 클수록 그 증상은 심해지지요.

흔들리는 땅 위에 건물이 서 있으면 어떻게 될까요? 무게 중심이 수시로 바뀌어 금이 가거나 부서집니다. 구조가 약한 건물은 폭삭 주저앉기도 해요. 지반이 약한 지형에서는 땅이 꺼지며 산사태가 나기도 합니다. 뒤따라 인명과 재산 피해가 발생하지요. 지진은 인간 삶의 터전을 위협하는 자연재해가 틀림없습니다.

지진에 대한 옛사람들의 생각

과학이 발달하지 않았던 동서양의 옛사람들은 지진에 대하여 어떤 생각을 했을까요? 전설이나 신화를 통해 옛사람들의 재미있는 생각들을 엿볼 수 있습니다.

고대 인도인들은 거대한 코끼리들이 지구를 떠받치고 있는 것으로 상상했어요. 지구를 떠받치는 코끼리들이 몸을 흔들면 땅이 갈라지며 지진이 일어난다고 믿었지요.

몽골인들은 큰 개구리 한 마리가 지구를 등에 업고 있다고 전했어요. 개구리가 어떤 이유로 몸을 부르르 떨면 땅이 흔들려서 지진이 일어나는 것이죠.

　일본인들은 왕 메기가 진흙 속으로 파고 들어가서 몸을 꿈틀거리면 지진이 일어난다고 생각했어요. 고대의 서양인들은 바다의 신 포세이돈이 파도를 일으켜 육지를 강타할 때마다 지진이 일어나는 것으로 전하고 있답니다.

　우리 조상들은 지진이 일어났을 때 어떻게 반응했을까요? '사람들이 하늘을 노하게 하여 벌을 내렸다!'거나 '임금이 어질지 못하여 재앙이 터졌다.'는 푸념을 터뜨렸어요. 자연재해를 신화나 전설보다는 오롯이 사람의 탓으로 돌렸답니다.

끝없는 지진의 행진

지진은 여전히 세계 곳곳에서 발생하고 있습니다. 엄밀히 말해서 지진은 어느 날 불쑥 찾아오는 공포의 대상이 아닙니다. 지진은 지구촌에서 하루도 빠짐없이 일어나는 자연 현상이에요. 지질학적으로 내가 사는 곳에 직접 피해를 주는지 아닌지의 차이만 있을 뿐이죠.

비록 우리가 지진으로부터 안전한 곳에 살고 있더라도 주의 깊게 살피고 경계하는 마음을 지니고 있어야 해요. 크고 작은 규모의 지진이 언제든지 우리에게 닥쳐올 수 있거든요.

그 이유는 지구의 내부가 이글이글 끓고 있는 용광로나 마찬가지이기 때문이에요. 지구 내부는 왜 뜨거운 불덩어리가 되었을까요? 지진을 이해하기 위해서는 먼저 그 불덩어리의 정체를 알아야 합니다. 그 비밀은 우주의 탄생으로부터 시작됩니다.

02 빵! 터진 우주, 빅뱅

'세상은 얼마나 넓을까?', '우주의 끝은 어디까지일까?' 하고 생각해 본 적 있나요? 이런 물음에 과학자들은 '우주의 시작은 있으나, 그 끝은 현재도 무한대로 커지고 있다.'는 답변을 내놓았습니다. 이를 설명한 이론을 '빅뱅'이라 해요. 우리말로는 '대폭발 이론'인데, 이로 인해 우주가 탄생했지요.

　빅뱅은 시간과 공간이 합쳐진 한 점에서 시작됐습니다. 높은 온도와 밀도로 가득 찬 한 점은 어느 날 한계점을 넘기며 "빵!" 터집니다. 그 순간 시간과 공간이 생겨나며 우주가 점점 크게 팽창하게 됩니다. 동시에 우주 공간은 온도와 밀도가 떨어지며 물질들이 생겨나지요. 우주 물질은 수소 74%, 헬륨 23%, 성간 물질(금속, 암석, 우주 먼지 등) 3%로 구성되어 있습니다.

여전히 커지고 있는 우주

초기의 우주는 헬륨과 수소가 결합해 있는 항성들로 거대한 은하를 이루어요. 이 시기의 항성들은 태양보다 100배 이상 크고 무거웠지요. 시간이 지남에 따라 거대 항성들은 과도한 열에너지를 이기지 못하고 폭발하게 됩니다.

거대 항성들은 그렇게 차례차례 폭발하며 무거워진 물질들을 우주로 날려 보내지요. 그 물질들은 흩어지며 서로 충돌하여 또 다른 은하를 형성합니다.

빅뱅 이론에 따르면 우주는 이런 모습으로 계속 커지고 있는 상태입니다. 과학자들은 현재의 시점에서 빅뱅까지의 시간을 계산했는데, 대략 137억 년이 되었다고 해요.

03 뜨거운 멜론, 지구

빅뱅에 의해 태양계가 탄생했습니다. 태양을 중심으로 수성, 금성, 지구, 화성, 목성, 토성, 천왕성, 해왕성이 질서 있게 돌지요. 일정한 궤도를 따라 움직이는 이 별들을 '행성'이라고 합니다. 지구는 태양에서 셋째로 가까운 행성으로, 유일하게 생명체가 살고 있어요.

지구의 속 모습을 보자

지구의 겉모습은 푸른 멜론처럼 아름답게 보입니다. 행성 중에 파릇파릇 싱싱하게 보이는 게 사실이니까요. 하지만 지구의 내부는 보는 것과 전혀 다릅니다.

지구의 단면은 중심으로부터 내핵, 외핵, 맨틀, 지각 순으로 포장되어 있어요. 지각 내부는 금속과 암석 물질들이 뜨겁게 녹아 있는 형태랍니다. 지구가 오늘날의 행성이 되기까지는 약 46억 년의 세월이 흘렀어요. 그 과정을 알아볼까요?

지구의 내부 구조

- 내핵
- 외핵
- 맨틀
- 지각

우주 먼지에서 행성이 되기까지

　빅뱅의 영향으로 우주에는 미립자, 유성, 혜성들이 대거 출현하여 서로 충돌하게 됩니다. 그 충돌로 우주 성간 물질들은 작은 불덩어리로 뭉쳐지지요.

　불덩어리가 된 물질들은 서로 끌어당기는 힘인 '인력'을 가지게 됩니다. 불덩어리가 클수록 인력도 커지지요. 그래서 작은 불덩어리들은 더 큰 불덩어리에 끌려가서 충돌합니다.

　불덩어리들은 그렇게 성장하며 미행성으로 발전해요. 미행성들은 다시 더 큰 미행성에 이끌려 충돌한 뒤 거대한 불덩어리가 되지요. 태양계의 행성들은 그러한 과정을 거쳐서 탄생했습니다. 지구의 탄생 과정은 좀 더 복잡하지요.

지구의 탄생

하나의 불덩어리였던 원시 지구는 수많은 미행성과 충돌하면서 점점 크기가 커지고, 새빨갛게 달구어졌습니다. 지구 내부는 중력에 의해 무거운 금속들로 채워지고 외부는 가벼운 암석 물질들로 채워졌어요.

용광로처럼 뜨겁게 달아오르던 지구는 수증기의 발생으로 점차 식게 됩니다. 수증기는 지구 대기를 감싼 채 비구름을 만들어 폭우를 쏟아붓지요. 지구는 비의 순환으로 서서히 식으며 울퉁불퉁한 지각의 모습을 갖추게 됩니다.

지각이 차가워지자 수증기의 증발이 줄어들고 빗물이 지구에 고스란히 고입니다. 빗물은 지각에 섞여 있던 나트륨을 녹이고 짭짤한 바다를 이루지요. 바다가 생김으로써 지구는 파릇한 멜론처럼 현재의 모습을 갖추게 되었답니다. 하지만 지구는 겉만 식어 있을 뿐 속은 엄청나게 뜨거운 열기를 그대로 품고 있어요. 마치 겉과 속이 다른 수박처럼 말이에요.

지구의 형성 과정

미행성 충돌

↓

마그마 바다

↓

맨틀과 핵의 분리

↓

원시 지각과 바다의 형성

↓

원시 대기의 진화

04 꿈틀꿈틀, 살아 있는 지구

지진이 발생하고 화산 활동이 일어나는 것은 지구가 살아 있다는 증거입니다. 특히 화산은 지구의 숨구멍으로 그 역할이 아주 중요합니다. 주기적으로 폭발하여 지구 내부의 고열과 압력을 고루 분산시키지요.

만약에 화산이 그 역할을 하지 않은 채 침묵하고 있으면 어떻게 될까요? 지구 내부가 과열되어 뜨겁게 팽창하다 대규모로 폭발해 버릴 거예요. 지각은 산산조각이 나고 대기는 화산재와 가스로 가득 차게 되지요. 그에 따라 지구에 있는 모든 생명체는 멸종하고 말 거예요. 그래서 지구에 일어나는 지각 운동은 위험하지만, 꼭 필요하답니다.

대륙이 이동한다

과학자들은 지구가 살아서 움직인다는 것을 예전부터 알았습니다. 하지만 근본적인 원인을 제대로 밝혀내는 데 어려움을 겪었습니다.

1912년, 독일의 과학자 베게너는 '대륙 이동설'을 세상에 발표했어요. 그는 고생대와 중생대 초기까지의 대륙을 하나의 대륙인 '판게아'로 정의했습니다. 그 뒤, 판게아는 다시 북반구의 '로라시아 대륙', 남반구의 '곤드와나 대륙'으로 나뉘었다고 했지요. 두 대륙은 다시 갈라져서 오늘날의 오대양 육대주가 되었다고 주장했어요.

베게너는 아프리카와 남아메리카 대륙을 퍼즐처럼 맞춰 보았어요. 그 결과 두 대륙이 원래 하나로 붙어 있었다는 사실을 발견했지요. 조사 결과 두 대륙이 만나는 해안가의 지층, 여러 생물의 화석, 그리고 빙하의 흔적이 거의 같았기 때문이에요. 그러나 베게너는 당시에 '대륙이 어떻게 이동했느냐?'는 것을 증명하지 못했답니다.

맨틀의 대류 현상이 대륙을 이동시킨다

1929년, 영국의 홈스는 베게너의 대륙 이동설을 지지하면서 지각 속의 맨틀에 주목했어요. 그는 '맨틀의 대류 활동이 지각을 이동시킨다.'고 했어요. 맨틀 위쪽 부분과 아래쪽 부분의 온도 차이로 대류가 일어나 지각이 함께 이동한다는 거예요. 이것이 '맨틀 대류설'입니다. 당시 과학자들은 '맨틀의 대류만으로 큰 대륙들이 이동하는 것은 불가능하다.'고 판단했답니다.

화산 활동이 해저를 넓힌다

1962년, 미국의 헤스와 디에츠는 바다 산맥인 해령을 탐사하다가 해저가 확장되고 있음을 확인했어요. 해령에서 마그마가 솟아올라 새로운 지각을 형성하면서 해저가 점점 크게 넓어지는 것을 관찰한 거예요. 이 증명으로 '해저 확장설'이 새롭게 떠올랐어요. 이 발견이 대륙 이동설과 맨틀 대류설에 힘을 보태 주었답니다.

05 지각 판이 움직여요

판 구조론

'도대체 무엇이 대륙을 움직이게 할까?' 과학자들은 그 비밀을 풀기 위해 바닷속을 수시로 탐사했어요. 그리고 그동안의 학설과 자기들이 밝혀낸 연구 결과를 종합하여 하나의 결론에 도달했어요.

'지각은 10여 개의 크고 작은 판(플레이트)으로 나뉘어 있고, 그 판들은 대류에 의해 상호 작용하며 지각 변동을 일으킨다.' 이것이 바로 '판 구조론'입니다.

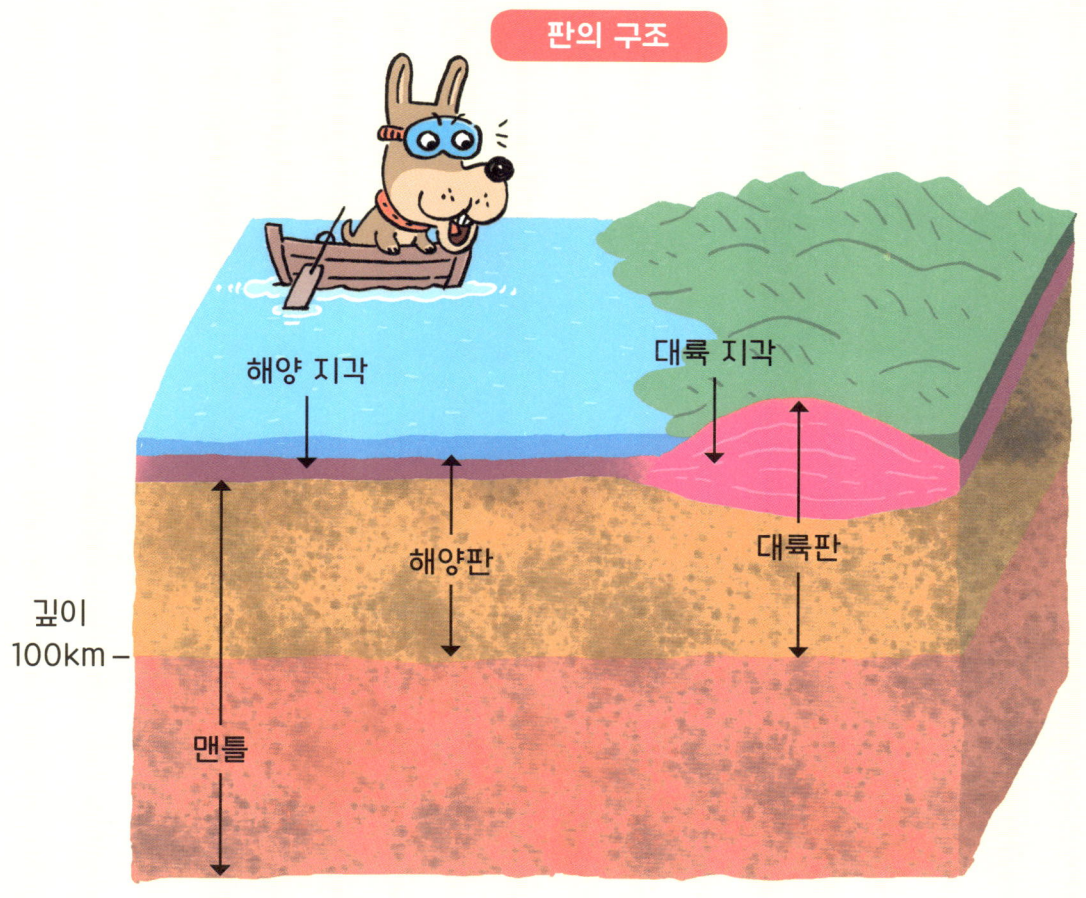

판의 구조

판의 세 가지 운동

판(플레이트)은 땅에서 지하 깊이로 약 100킬로미터 정도예요. 거대한 판은 저마다 경계 지역을 형성하고 상호 작용하며 상대적인 운동을 하는 것이 특징입니다.

판은 세 가지 운동으로 경계를 나누어요. 판과 판이 서로 마주 보고 다가가 충돌할 때는 '수렴 경계'라고 합니다. 서로 부딪히는 판의 종류에 따라 대륙판과 대륙판, 대륙판과 해양판, 해양판과 해양판 수렴 경계로 구분되지요.

대륙판과 대륙판이
부딪히는 경계(수렴 경계)

대륙판과 해양판이
부딪히는 경계(수렴 경계)

반대로 판과 판이 멀어질 때는 '발산 경계'라 합니다. 그리고 두 판이 수평으로 어긋난 채 부딪히며 지나치는 것을 '보존 경계'라 하지요.

중요한 것은 두 판의 운동이 있을 때 경계면에서 지진이나 화산 활동이 뒤따른다는 거예요. 판끼리의 운동이 지각을 변동시키는 원인으로 작용하는 것이죠. 그 때문에 지구의 모습이 조금씩 바뀌는 것을 설명하는 것이 판 구조론입니다.

판과 판이 멀어지는 경계
(발산 경계)

판과 판이 서로 어긋나는 경계
(보존 경계)

환태평양 지진대

과학자들은 전 세계를 탐사하여 지진이 자주 일어나는 지역을 조사했습니다. 대부분 서로 다른 판의 경계 부분에 지진이 자주 일어나고 있음을 알아냈지요. 우리나라는 유라시아 대륙판으로 지진에는 비교적 안전한 편이에요. 하지만 우리나라와 가까운 일본은 지진 때문에 골치를 앓고 있습니다. 그 이유는 일본이 '불의 고리'로 불리는 '환태평양 지진대'에 속해 있기 때문이에요.

환태평양 지진대는 남아메리카에서 시작해, 북아메리카 서부의 알래스카, 알류샨 열도, 일본, 필리핀을 지나 뉴질랜드까지 고리처럼 연결하고 있습니다. 이 지역은 대륙판과 해양판이 만나는 지점에 있어서 지진을 피할 수 없는 운명에 처해 있지요. 실제로 지구에서 일어나는 지진의 약 80%가 환태평양의 연안국에서 발생하고 있답니다.

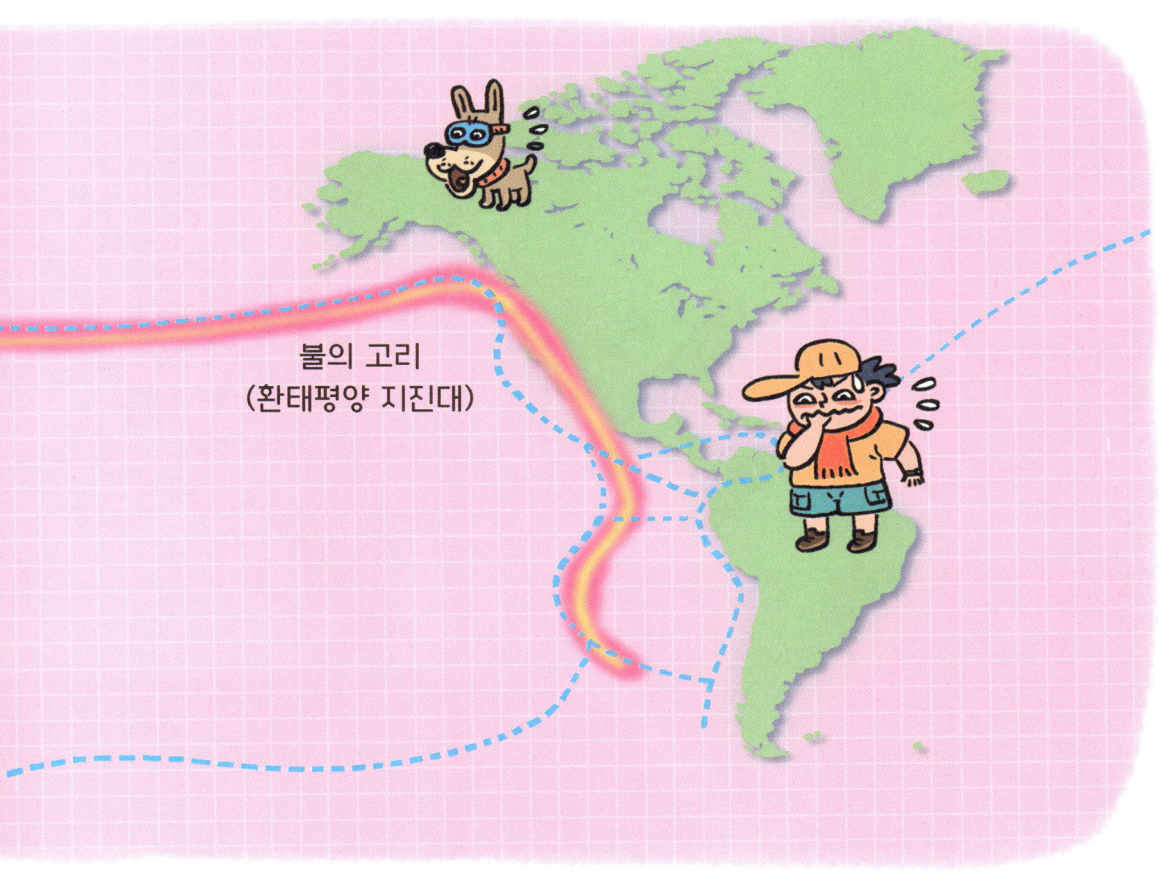

불의 고리
(환태평양 지진대)

06 지각 운동의 흔적, 단층

판 운동이 일어나 큰 힘이 작용하면 단단한 지층도 휘어지거나 끊어져 버려요. 지각 변동으로 지층이 갈라져 어긋난 것을 '단층'이라고 해요. 지층이 끊어질 땐 지진이 발생하지요.

예를 들면, 30센티미터 자를 양쪽에서 밀어 강제로 구부려 보아요. 자는 휘어지다가 어느 순간에 뚝 부러지게 됩니다. 이때 자는

원래의 상태로 돌아가려는 성질 때문에 큰 힘이 작용해 떨리지요.

지각도 마찬가지예요. 지각이 뚝 부러지며 엄청난 충격 에너지를 사방으로 퍼뜨립니다. 그 에너지는 땅 흔들림으로 지표면에 전달되지요. 그것이 우리가 느끼는 지진이랍니다.

한편 압력을 받은 지층은 구불구불 휘어지기도 하는데, 이를 '습곡'이라고 합니다. 히말라야산맥과 알프스산맥, 안데스산맥 등이 습곡으로 이루어져 있습니다.

습곡의 형성 과정

단층의 종류

단층은 힘을 받는 위치에 따라 이름이 달라져요. 대표적으로 정단층, 역단층, 주향 이동 단층이 있지요.

정단층

지층의 잘린 면인 단층면을 기준으로 위에 있는 부분을 '상반', 아래에 있는 부분을 '하반'이라고 해요. 정단층은 상반이 하반보다 아래로 밀려 내려간 단층이에요. 양쪽에서 잡아당기는 힘(장력)으로 만들어지기에 상반이 미끄러져 내려간 겁니다.

역단층

역단층은 상반이 하반보다 위로 밀려 올라간 단층이에요. 지층 양쪽에서 미는 힘(횡압력)이 작용해 상반이 하반보다 위로 솟아오른 거예요.

주향 이동 단층

단층면을 따라 상반과 하반이 수평으로 움직일 때는 주향 이동 단층이 만들어집니다. 앞뒤로 힘을 받아 정단층이나 역단층처럼 지각이 위아래로 이동하지 않고 나란히 비켜 지나치는 것이 특징이지요.

우리나라의 단층

최근 활동을 했거나 앞으로 다시 활동을 시작해 지진이 일어날 위험성이 높은 단층을 '활성 단층'이라고 해요.

우리나라 경주는 예로부터 지진이 단골로 발생하는 지역으로 유명해요. 그 이유가 지진을 일으킬 가능성이 많은 활성 단층 때문이에요. 경주를 향해 뻗어 있는 활성 단층이 4개나 되니까요. 양산 단층, 모량 단층, 밀양 단층, 자인 단층이 그것입니다. 그중에 양산 단층과 모량 단층이 경주에 직접 충격을 주는 것으로 의심되고 있답니다.

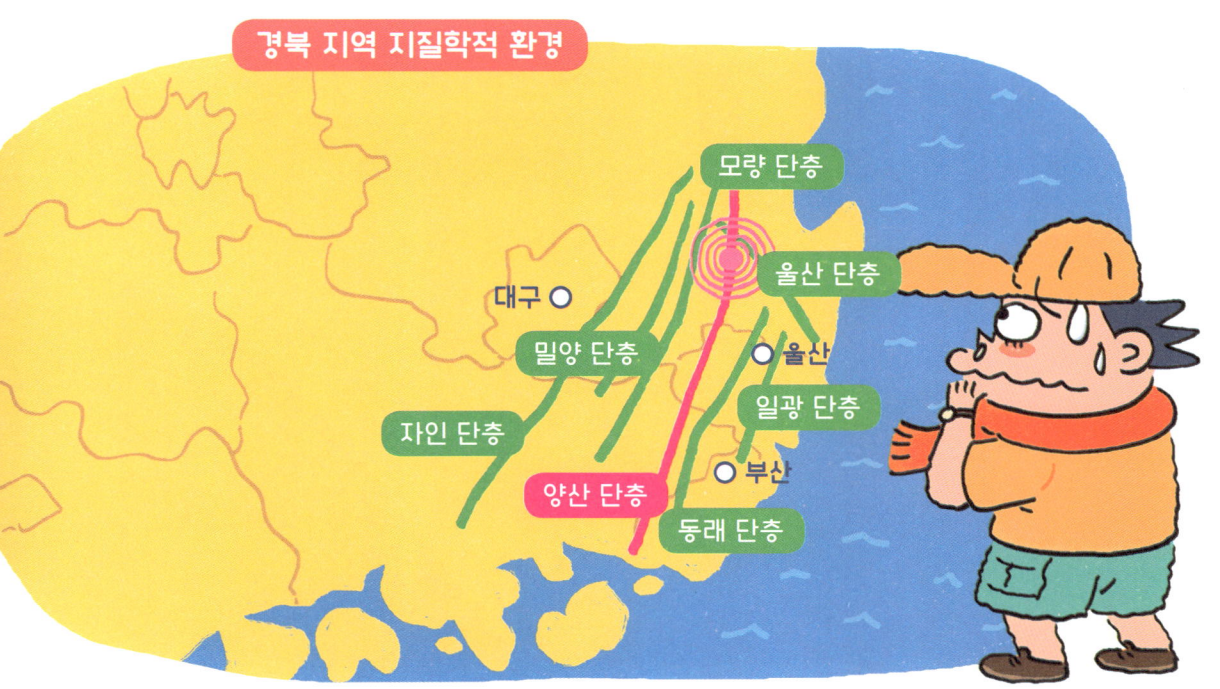

07 지진의 원리와 분류

지구 내부가 생각보다 훨씬 활발하게 움직이고 있죠? 그래서 급격한 변화가 일어나면 엄청난 힘과 에너지가 발산되어 땅으로 전달되면서 지진이 일어나는 거예요.

앞서 살펴보았듯이, 지진 대부분은 대륙의 이동, 해저 확장, 산맥 형성 등에 작용하는 지구 내부의 커다란 힘으로 발생하고 있어요. 그 원인에 따라 단층 지진과 화산 지진, 맨틀 내부 운동에 의한 지진 등으로 나눌 수 있습니다.

지진은 최초로 일어난 지점, 곧 진원의 깊이에 따라 천발 지진, 중발 지진, 심발 지진으로 나누기도 해요. 지하 70킬로미터 미만의 얕은 지층에서 발생하면 '천발 지진', 70~300킬로미터 사이에서 발생하면 '중발 지진', 300킬로미터 이상에서 발생하면 '심발 지진'이라고 합니다.

천발 지진과 심발 지진

지구 위에서 일어나는 대부분의 지진은 천발 지진입니다. 천발 지진은 진원이 지표면과 가까워서 진동이 빠르고 크게 전달돼요. 그래서 지진 피해가 더 크게 발생하지요. 환태평양 지진대에서 일어나는 지진들이 거의 천발 지진이에요.

충돌 에너지가 크더라도 깊은 곳에서 발생하기에 심발 지진은 지상에 큰 피해를 주지는 않아요. 진원이 깊어서 진동이 지표면에 전달되는 동안 약해지니까요.

지금까지 판이 땅 밑으로 많이 내려간 것은 670킬로미터나 된다고 해요. 그곳에서도 지진이 발생하는데 흔하게 일어나는 현상은 아니랍니다.

하지만 수렴 경계면에서 대륙판끼리 충돌하여 융기하면 엄청나게 큰 지각 변동이 일어나요. 거대한 판이 지표면으로 솟아오르며 웅장한 산맥을 이루지요. 그 옛날에 히말라야산맥과 알프스산맥이 심발 지진에 의해 탄생했답니다.

지진과 활화산은 같이 운동해요

화산 폭발이나 마그마의 움직임 같은 화산 활동으로도 지진이 발생해요. 천발 지진이 화산 활동에 직접 영향을 끼치기도 하지요. 어찌 보면 천발 지진은 화산 폭발을 예고하는 신호탄이에요.

폭발하기 전 화산 지형은 열과 압력에 시달리며 달아오릅니다. 그때 지각이 약한 부분이 갈라지며 지진이 일어나지요. 이어서 화산 분화구가 터지며 더 넓은 지역까지 지진이 발생하게 돼요. 지진 뒤에 이어지는 화산의 분화 작용은 서로 밀접한 관계가 있습니다. 그런데 화산은 무슨 이유로 폭발하는 걸까요?

화산이 폭발하는 이유

과학자들은 분화구 속에서 끓고 있는 마그마에 주목해 화산 폭발 원인을 밝혀냈어요. 지각 아래 60킬로미터 부근의 암석은 열과 압력에 녹아 마그마로 변해요. 마그마는 펄펄 끓는 액체 상태에서 일부의 기체와 고체를 포함하고 있지요.

이런 마그마는 주위의 고체보다 밀도가 낮아서 힘을 받으면 지각의 약한 틈을 타고 솟아올라 지표로 분출되는 거예요. 과학자들은 분화구에서 마그마가 끓어오를 때 기체 성분이 터짐과 동시에 지각에 충격을 주어 지진을 일으키는 것으로 보고 있답니다.

가스 성분이 빠져나간 마그마, 즉 화산의 분화구에서 분출된 마그마를 '용암'이라고 해요.

따라서 지구촌에 있는 화산들은 일종의 숨구멍입니다. 이따금 화산 폭발로 지구 내부의 열과 압력을 낮춰 주는 역할을 하지요. 만약 지구 내부의 열 균형이 무너지면 지구 전체가 녹아 버리거나 원시 지구처럼 하나의 불덩어리가 될지도 모르니까요.

08 무서운 지진 해일, 쓰나미

쓰나미다!

　바닷속에서 큰 지진이 일어나 해수면에 갑자기 발생하는 거대한 파도를 '지진 해일'이라고 해요. '쓰나미'라고도 부르는데, 갑자기 항구를 덮치는 높은 파도를 뜻하는 일본어에서 비롯되었어요. 해일은 해저의 화산 폭발이나 산사태, 태풍, 빙하의 붕괴 등으로도 일어난답니다.

쓰나미의 발생 원인

지진 해일이 어떻게 생기는지 살펴볼까요? 바다 밑 지각에서 지진이 발생해 지각의 높이가 달라지면 지각 위의 바닷물 표면도 높이가 달라져요. 이때 바닷물은 높이를 맞추려 하므로 위아래로 출렁거려요.

이런 물결의 움직임(파동)은 옆으로 계속 전달되어 가는데, 그 속도는 상상을 초월할 정도로 아주 빠릅니다. 2000미터 깊이의 바다에서 약 500킬로미터의 속도로 질주할 수 있어요. 그런데 깊은 바다 위를 지나가는 너울은 크게 위험하지 않아요. 그냥 배들이 넘실거리며 지나치는 정도예요.

너울은 해안가로 다가올 때 무서운 쓰나미로 탈바꿈합니다. 해안가는 수심이 낮아서 작은 너울이 밀려갈 때 바닥과 마찰이 생기지요. 동시에 너울은 서서히 브레이크가 걸리며 속도가 급속히 떨어져요. 그럴 때 뒤따라오는 너울이 앞에 있는 너울을 계속 덮치게 됩니다. 그렇게 너울이 뭉쳐지면서 바닷물은 점점 높아지지요. 순식간에 거대한 쓰나미로 변신하는 거예요.

수마트라 쓰나미

 2004년 12월 인도네시아의 수마트라섬 인근에서 커다란 쓰나미가 발생했어요. 수천 개의 핵폭탄이 동시에 터지는 것과 같은 강한 지진이 해저에서 발생했기 때문이에요.

 무시무시한 쓰나미는 빠른 속도로 움직여 인도양 주변 나라들을 휩쓸고 지나갔어요. 당시 인도네시아를 비롯하여 스리랑카, 인도, 몰디브 등 14개국에서 약 28만여 명이 목숨을 잃었습니다. 쓰나미가 휩쓸고 지나간 곳은 모두 처참하게 변하고 말았지요.

동일본 대지진

2011년 3월, 일본 도후쿠에서 발생한 쓰나미도 많은 사람에게 상처를 남겼습니다. 이때 일본 관측 사상 최대인 리히터 규모 9.0의 지진이 발생했습니다. 이 지진으로 바닷물이 30~40미터나 상승해 거대한 쓰나미가 되었지요.

쓰나미는 해안 도시는 물론 내륙까지 침투해 집을 무너뜨리고 농경지를 집어삼켰습니다. 자동차들은 장난감처럼 떠내려가고 배들은 산으로 올라갔어요. 약 2만 5천여 명의 사람이 목숨을 잃거나 다쳤습니다.

게다가 후쿠시마 원자력 발전소마저 파손되어 방사능이 누출되었어요. 순식간에 제2의 재앙이 닥친 셈이죠. 이때 발전소에 있던 방사성 물질이 외부로 흘러나오는 바람에 주변의 넓은 땅과 물이 오염되고 말았지요.

당시 일본의 반대쪽으로 밀려 나간 지진 해일은 어떻게 되었을까요? 너울은 하와이까지 다가갔지만, 다행히 하와이는 지진 해일의 피해를 받지는 않았어요. 태평양은 장애물이 없는 데다 넓고 깊고 멀기 때문에 해일이 이동하면서 자연스럽게 수평이 맞춰져 작은 파도에 머물렀지요.

일본이 쓰나미의 피해를 크게 입은 것은 진원이 해안으로부터 137킬로미터밖에 되지 않았기 때문이에요. 지진 피해는 진원이 지표면과 가까울 때 커질 수 있습니다.

09 지진을 측정해 보자

진앙
진원의 수직 바로 위 지표면 지점

진원
지구 내부에서 지진이 최초로 발생한 지점

단층

지진파
지진에 의해 발생하는 진동의 움직임

진도와 규모는 달라요

지진이 발생한 장소와 규모, 지진의 세기 등은 어떻게 나타낼까요? 먼저 지진이 발생한 장소를 '진원'이라고 해요. 지구 내부에서 최초로 지진파가 발생한 지역이죠. 진원의 수직 바로 위 지표면 지점을 '진앙'이라 합니다. '지진파'는 지진에 의해 발생하는 진동의 움직임이에요. 진원과 진앙의 위치는 지진계로 지진파를 측정하여 알아냅니다.

지진의 세기는 '진도'와 '규모'로 나타내는데, 약간의 차이가 있어요. '진도'는 지진 피해의 심각성 정도를 등급으로 나타낸 것이에요. '규모'는 지진 자체의 크기지요.

같은 규모의 지진도 진원과의 거리에 따라 피해 정도가 달라요. 그래서 지진이 일어났을 때, 규모와 진도를 함께 쓰는 거예요.

P파와 S파

지진의 실체를 알아내고 지진의 규모를 측정해 정리한 사람이 미국의 리히터 박사입니다. 그래서 지진의 규모는 보통 '리히터 규모'라고 부릅니다.

리히터 규모는 지진계에 기록된 지진파의 최대 진폭을 측정해 지진에 의해 방출된 에너지의 양을 나타내는 것입니다. 소수 첫째 자리까지 숫자로 표현하는데, 숫자가 클수록 강한 지진이지요.

지진파에는 P파와 S파가 있어요. P파는 고체, 액체, 기체 물질을 가리지 않고 빠르게 통과하는 지진파예요. S파는 고체 물질만 통과하므로 느리게 진동하지요. 그래서 P파가 S파보다 빨라요.

따라서 지진 기록계에도 P파가 먼저 기록되고, S파가 뒤따라오지요. P파와 S파가 도달하는 시간의 차이를 'PS시'라고 하는데, 지진 관측소에서는 PS시로 처음 지진이 일어난 곳의 거리를 알아냅니다. 진원으로부터 관측소까지의 거리가 멀수록 PS시는 더 커지지요.

진행 방향을 살펴보면, P파는 앞뒤로 진동하며 움직이지만, S파는 위아래로 출렁이며 움직여요. 그래서 P파보다 S파의 파괴력이 훨씬 크지요.

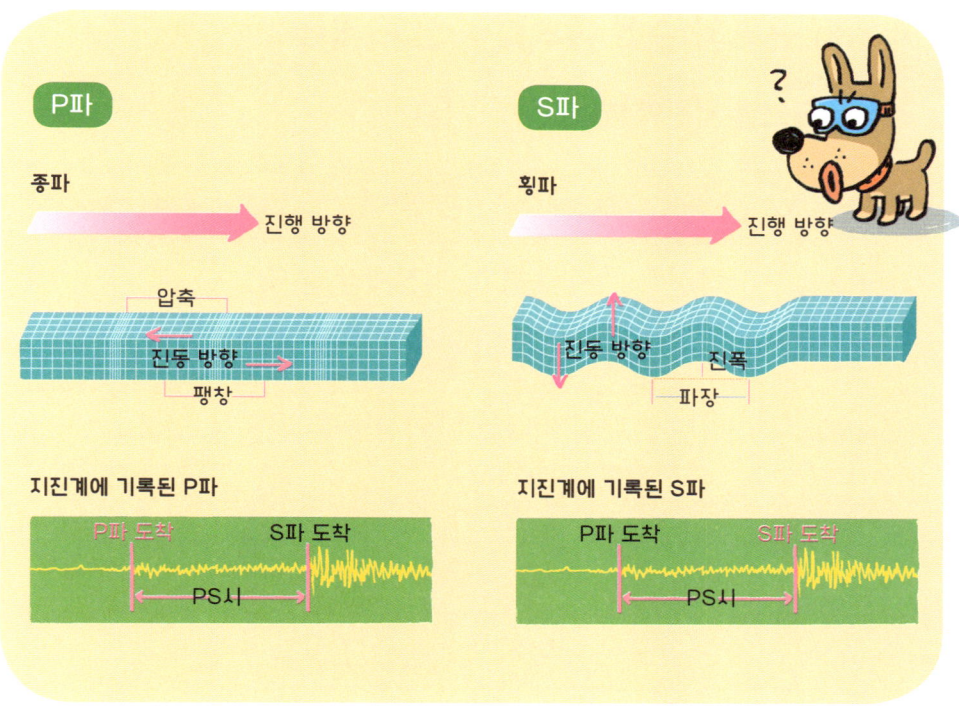

　리히터 규모는 지진의 크기를 수치화한 것으로, 과학적으로 비교할 수는 있어요. 그러나 구체적인 지진의 피해 정도를 직접 알아내기는 어렵답니다. 진원과 가까운 지역이 피해가 크고, 먼 지역이 상대적으로 피해가 작을 수밖에 없으니까요.

　하나의 지진에 대하여 여러 지역의 규모는 같으나, 진도는 달라질 수 있지요. 그러므로 규모와 진도의 일대일 대응은 성립하지 않는답니다.

리히터 규모와 수정 메르칼리 진도 계급

리히터 규모별 지진의 영향

구분	영향
0~1.9	사람이 느끼지 못하고, 지진계만 탐지
2~2.9	실내의 매달린 물체가 흔들림
3~3.9	커다란 트럭이 지나갈 때와 비슷한 진동을 느낌
4~4.9	작거나 불안정한 위치의 물체들이 떨어짐
5~5.9	가구들이 움직이고, 서 있기 어려움
6~6.9	약한 건물은 무너지고 튼튼한 건물도 부분 파괴
7~7.9	건물 기초 파괴, 지표면 균열, 지하의 수도관, 가스관 파괴
8~8.9	교량 파괴, 구조물 대부분 파괴
9 이상	수천 킬로미터까지 완전히 파괴

진도는 이탈리아의 메르칼리에 의해 처음 만들어져 사용되었는데, 사람이 느끼는 정도나 지역의 지질 구조, 인구 현황 등에 따라 피해 정도가 달라진다는 단점이 있었어요.

그래서 현재는 나라마다 사정에 맞게 수정한 형태로 사용하는데, 우리나라는 미국 캘리포니아 건물들을 기준으로 삼아 수정된 12단계의 수정 메르칼리 진도 계급을 사용하고 있습니다.

수정 메르칼리 진도 계급

진도	피해 정도
1	민감한 사람만 느끼는 정도
2	빌딩 꼭대기에서 소수의 사람만 느낌
3	트럭이 지나갈 때의 진동 수준
4	창문이나 진열장이 흔들리고 서 있는 자동차도 흔들림
5	유리창이 깨지고 불안정한 물건들이 떨어지거나 쓰러짐
6	무거운 물체가 이동. 사람들이 모두 놀라 밖으로 도망쳐 나옴
7	서 있기 곤란하고 운전 중에도 지진을 느낌. 회벽이 무너지고 느슨한 적재물과 담장이 무너짐
8	자동차 운전 곤란. 일부 건물 붕괴. 탑이나 굴뚝, 기둥 등이 쓰러짐
9	견고한 건물의 피해가 심하거나 붕괴. 땅에 균열이 발생하고 지하의 파이프 파손
10	철근 콘크리트 건물들이 파괴되고 철길이 휘어짐
11	철로가 심하게 휘고, 대부분의 건물들이 파괴되고 다리가 무너짐
12	지면이 파도 형태로 움직이고 모든 것이 파괴됨. 총체적인 붕괴

 **부록** 그림을 보고, 지진의 규모를 예측해 보세요. 정답은 100쪽에

❶

❷

❸

❹

❺

❻

 **부록** 그림을 보고, 지진의 진도를 예측해 보세요.

ㄱ

ㄴ

ㄷ

ㄹ

ㅁ

ㅂ

10 대비하지 않으면 더 큰 피해를 보아요

천재지변과 인재

'천재'는 사람이 막을 수 없는 재앙이에요. 지진뿐만 아니라 태풍, 폭풍, 가뭄, 폭설, 폭우 등 자연의 변화로 일어나기 때문이지요. 반대로 사람의 잘못으로 일어나는 재난을 '인재'라고 해요. 인재는 우리가 얼마나 사고에 관해 잘 대처해 놓느냐에 따라 얼마든지 막을 수 있답니다.

예고된 위험

화산섬은 제주도와 울릉도, 하와이 제도처럼 섬 전체 또는 대부분이 해저 화산의 분출물이 쌓여서 이루어진 섬이에요. 화산섬에 마을을 이루고 사는 사람들은 늘 사고의 위험을 안고 살아가요. 화산이 언제 폭발할지 알 수 없으니까요.

환태평양 지진대에 모여 있는 대부분의 나라 역시 사고 위험에 노출되어 있지요.

그러나 삶의 터전을 벗어나긴 쉽지 않아요. 사람들은 조상 대대로 물려받은 땅을 일구며 생계와 생존을 위해 열심히 살아갑니다. 무엇보다 중요한 것은 위험을 알고, 그에 알맞은 대책을 세워놓는 것이죠.

화산 폭발의 위력

화산은 폭발하면서 가스와 함께 화산재, 암석 등의 쇄설류(잘게 깨어진 부스러기)를 공중으로 날려 보냅니다. 분화구는 거대한 먼지구름을 고속으로 상승시켜서 주변을 암흑세계로 만들어 버리지요.

이윽고 마그마가 분출되면 시뻘건 용암이 사방으로 흘러내립니다. 집들은 불에 타거나 용암 속으로 순식간에 사라져요. 그 뒤, 화산재가 마을을 덮치면 모든 것이 황폐해집니다. 농작물은 말라 죽고 기온은 뚝 떨어지지요.

이러한 무시무시한 화산 폭발에 대비할 방법은 없을까요? 다행히 오늘날은 첨단 과학 덕분에 화산 폭발이 예측 가능해 미리 대비할 수 있습니다.

화산이 폭발하기 전에는 여러 증세가 나타나요. 주변의 땅이 흔들리고 분화구에서 가스가 뿜어져 나오지요. 피해를 막는 최고의 방법은 화산이 폭발 징조를 보였을 때 빨리 알려 멀리 대피하는 것입니다. 그곳이 섬이라면 배를 타고 멀리 떠나고, 육지라면 다른 지역으로 몸을 피해야겠지요.

지진 피해를 막을 방법

화산과 지진의 활동이 심각한 나라를 꼽는다면 단연코 일본입니다. 환태평양 지진대에 속해 있는 일본은 네 개의 지각 판이 붙어 있는 섬이라 지진이 자주 일어납니다. 그런데 지진의 규모에 비하여 피해의 정도가 아주 작습니다. 그 이유는 지진을 견뎌낼 수 있는 내진 설계가 의무화되어 있기 때문이에요.

'내진 설계'란 지진이 일어났을 때 진동을 견딜 수 있도록 건축물의 기초를 설계하는 방식을 말해요. 건축물 내부의 가로축을 튼튼하게 만들어 내구성을 높이는 것이지요.

건물들이 내진 설계되어 있으면 진동을 흡수하여 쉽게 무너지지 않아요. 그러면 많은 사람과 재산을 보호할 수 있지요. 내진 설계한 건물이 많을수록 지진으로 발생하는 피해를 최대한으로 막을 수 있는 거예요.

대비하지 않으면 무서운 인재가 발생해요

내진 설계가 취약한 도시는 어떻게 될까요? 지진이 발생하는 순간 건물들이 쉽게 금이 가고 부서집니다. 사람들이 무너진 건물에 갇혀 목숨을 잃거나 다칠 위험이 커져요. 그 과정에서 가스관이나 수도관이 파열하면 2차 피해가 더해집니다. 곳곳에서 화재가 발생하고 사람들은 물을 얻지 못해 고통을 받지요. 이러한 문제가 심각해지면 전염병까지 퍼질 수도 있답니다.

2010년, 도미니카 공화국의 아이티에서 규모 7.0의 지진이 발생했습니다. 그 지진으로 31만 6천여 명이 사망하고 100만 가구의 집들이 주저앉았어요. 아이티 지진은 규모보다 피해 정도가 더욱 심각했습니다. 그 이유를 살펴볼까요?

아이티 대형 건물들은 의무적으로 내진 설계되어 있지 않았어요. 일반 건물들은 작은 보강 장치 없이 마구잡이로 지어졌고요. 아이티의 허술한 건축법이 엄청난 인명 피해를 불러온 것입니다.

집과 건축물이 무더기로 무너지면서 너무나 많은 사람이 매몰되었어요. 구조 활동은 늦어지고 살아남은 사람들은 물과 식량 부족에 시달렸습니다. 그 사이에 전염병이 돌아 아이티는 그야말로 아수라장으로 변하고 말았어요. 아이티 이야기가 우리에게 주는 교훈이 있습니다. 언제나 천재지변에 대비하지 않으면 더 큰 시련이 찾아온다는 것입니다.

11 우리나라는 정말 지진으로부터 안전할까?

문자로 남겨진 역사 속 지진

지진계가 없던 시대에 기록으로만 남은 지진을 '역사 지진'이라고 합니다.

우리나라의 역사 지진은 《삼국사기》, 《삼국유사》, 《고려사》, 《조선왕조실록》 등에 기록되어 있어요. 일제 강점기 전까지의 기록을 통틀어 보면 한반도에 약 2000번의 지진이 일어났던 것으로 조사되었어요. 1년에 2번 정도 크고 작은 지진이 발생했던 셈이죠.

당시 피해 사례는 '어느 건물에 기왓장이 쏟아져 내렸다.', '지진으로 농사를 망쳐 민심이 흉흉하였다.', '서라벌에 큰 지진이 일어나 백여 명이 목숨을 잃었다.'는 식으로 기록되어 있어요. 이 기록만으로 지진의 규모를 알 수는 없지만, 아주 오래전부터 한반도에 지진이 발생했다는 사실을 확인할 수는 있습니다.

우리나라의 주요 지진 일지

기상청에 따르면, 1978년 이래 규모 4.0 이상의 국내 지진은 총 49회 발생했으며, 이 가운데 열 번은 규모 5.0 이상이었어요.

국내 최대 규모 지진은 2016년 9월 12일 경북 경주에서 발생한 규모 5.8의 지진이었습니다. 규모 5.0~5.9는 가구들이 움직이고, 서 있기 어려운 정도예요.

2017년 11월 15일에는 경북 포항에서 규모 5.4의 지진이 발생했어요. 포항 지진은 기상청이 관측을 시작한 1978년 이래로 2번째로 큰 지진이었습니다. 이는 우리나라가 더는 지진의 안전지대가 아니라는 사실을 다시 한번 깨닫게 해 주는 계기가 되었습니다.

최근 한반도의 지진 발생 횟수가 확연히 증가하고 있어요. 특히, 규모 3.0 이상의 지진이 1980년대는 평균 19차례였지만, 2000년대 들어 3배 이상 늘었습니다.

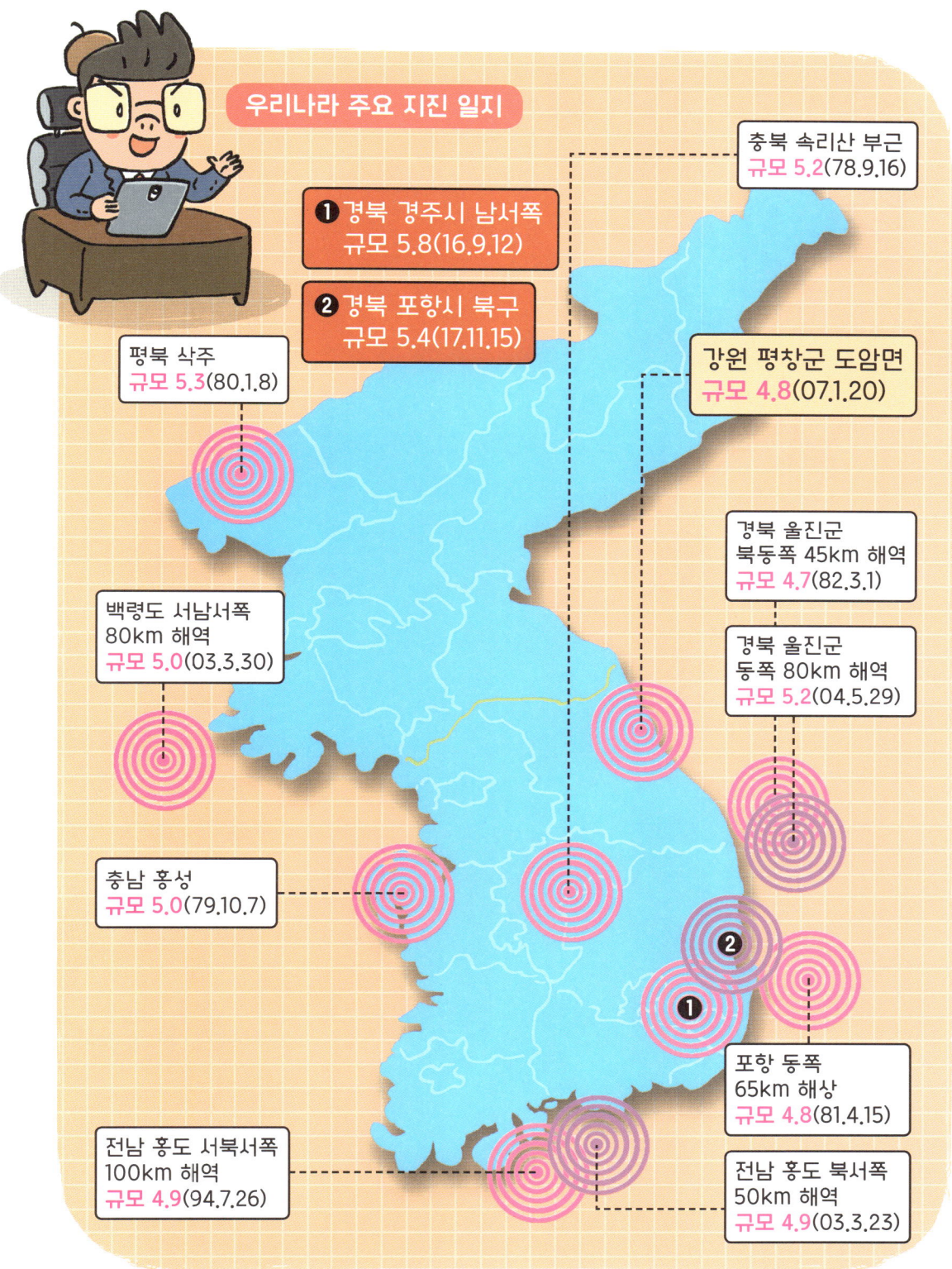

우리나라 지진이 더 위험하다?

우리나라처럼 판의 내부에 있는 지역은 그동안 지진 안전지대로 알려져 왔어요. 하지만 판의 중심부에서 발생하는 지진은 얕은 곳에서 일어나기 때문에 어찌 보면 더 위험할 수 있습니다.

현재 우리나라 건축물의 내진 설계 기준은 땅속 15킬로미터에서 규모 6.5의 지진에 견딜 수 있는 정도지만, 규모 5.0의 지진이 5킬로미터 부근에서 발생한다면 쓸모없게 될 수 있어요. 2016년 9월 발생한 경주 지진도 땅속 15킬로미터 인근에서 발생했습니다.

앞에서 살펴보았듯이 경주를 비롯해 포항, 울산 등 경북 지역에는 젊은 활성 단층도 많아요. 이 젊은 활성 단층은 지각이 약해 힘을 받으면 잘 움직입니다. 그러므로 포항에서는 여진이 계속 이어졌었죠.

더 큰 문제는 우리나라 건축물의 내진 설계 비율이 35%에 지나지 않는다는 거예요. 특히 일본에 가까운 부산과 수도 서울 등은 내진 설계 비율이 30%도 안 됩니다.

경주와 포항 지진 이후, 정부는 활성 단층 조사를 시작하고 시설물의 내진 보강에 힘쓰고 있습니다. 또한, 건축물의 내진 성능 확보를 인증해 주는 '지진 안전 시설물 인증제'를 도입할 예정이라고 해요. 이런 변화에 발맞추어 우리도 지진에 관해 좀 더 관심을 가져야 하겠지요?

12 지진을 감지하는 동물들

뛰어난 동물의 감각

사람은 뛰어난 두뇌 덕분에 세상을 지배하지만, 동물에게 뒤처지는 부분이 있습니다. 바로 '감각'이에요. 동물의 감각은 사람들이 느끼는 예감이나 육감처럼 막연하지 않습니다. 동물들은 주위에서 이상 변화가 느껴지면 당장 그에 맞는 행동을 취하지요.

가령, 제비가 낮게 날거나 개미가 떼 지어 이동하면 비가 올 예정입니다. 귀뚜라미가 밤새 울면 내일 날씨가 좋다는 뜻입니다. 거미가 거미줄을 치기 시작하면 날씨가 개고 있는 것이고요. 이렇듯 동물들은 뛰어난 감각을 이용해 날씨를 예측했습니다.

동물들을 불안에 떨게 하는 세로토닌 증후군

 동물들은 지진을 감지하는 능력이 있다고 합니다. 그것을 '세로토닌 증후군'이라고 하지요. 세로토닌은 사람의 식욕과 수면, 그리고 기분을 좋아지게 하는 신경 물질입니다. 그러나 과도하게 분비되면 41도 이상의 고열이 나고 경련이나 발작 증세가 나타난다고 해요.

 지진이 일어나기 전에 동물들이 이상한 증상을 보이는 경향이 있습니다. 학자들은 '세로토닌의 과도한 분비가 동물들을 불안하게 한다.'는 것으로 의심하고 있답니다. 실제로 지진이 발생하기 전, 동물들의 이상 행동 사례는 자주 나타납니다. 한번 살펴볼까요?

지진을 알아차리고 대피하는 동물들

2008년, 중국의 쓰촨성 한 마을에 느닷없이 10만 마리의 두꺼비 떼가 출현했습니다. 두꺼비들은 거리를 활보하며 한곳으로 향했는데, 마치 피난하는 것처럼 보였다고 해요.

그로부터 3일 뒤, 쓰촨성의 원촨에서 리히터 규모 7.8의 강진이 발생했어요. 산악 지대였던 마을은 집 80% 이상이 파괴되어 수백만 명의 이재민이 생겼습니다. 게다가 댐과 저수지가 붕괴해 사망자와 실종자의 수가 9만여 명이나 되었지요.

원촨 지진은 유라시아 판과 인도 판의 강력한 충돌로 발생했습니다. 얼마나 위력적이었던지 베이징과 상하이까지 건물들이 흔들리고 심지어 먼 태국과 대만에도 여진이 전해졌다고 합니다.

2005년, 후쿠오카에 진도 7.0의 강진이 발생했습니다. 그런데 후쿠오카 동물원에서는 지진이 발생하기 며칠 전부터 이상 행동을 하는 파충류가 관찰되었어요. 악어들은 물에 들어가지 않고 뱀은 나무꼭대기로 올라가서 내려오지 않았다고 해요.

　2004년, 인도양으로 쓰나미가 닥치기 전에 관광 코끼리들은 바닷가로 향하기를 거부했습니다. 오히려 관광객을 태운 채 높은 지대로 도망쳤어요.

　그 밖에 지진이 닥치기 전에 동물들이 보이는 이상 증후는 다음과 같습니다. 흔히 보이던 비둘기나 까마귀가 사라집니다. 새장 속의 새들이 밖으로 나가려고 푸드덕거립니다. 깊은 물에 사는 심해어가 얕은 곳에서 발견됩니다. 평소보다 훨씬 많은 물고기가 수면에서 떼 지어 다닙니다. 겨울에 뱀이나 개구리가 나타납니다. 쥐들이 떼 지어 이동합니다. 순한 개가 심하게 짖습니다. 고양이가 나무 꼭대기로 올라갑니다.

지질의 압력과 세로토닌의 관계

동물들의 이상 행동들이 과학적으로 완전히 밝혀진 것은 아니에요. 단지 사람들이 느끼지 못하는 저주파나 미세 진동을 동물들이 감지하는 것일 수도 있어요. 분명한 것은 사람이 동물의 본능적인 감각을 따라잡지 못한다는 것입니다. 놀라운 그 기능을 찾아내고 이해하는 데는 많은 시간과 노력이 필요할 거예요. 현재 과학적으로 세로토닌 증후군에 접근한 연구는 다음과 같습니다.

지진이 일어나기 전, 지구 내부에서는 큰 힘이 작용합니다. 이 준비 운동으로 지각은 엄청나게 큰 압력을 받게 되지요. 압력을 받은 지각은 지층 속에 있는 금속 광물질에 자극을 주어 전기 에너지를 일으킵니다. 전기 에너지는 지하수의 원소들을 전기 분해해 기체로 바꾸어 줍니다. 그 기체는 증발하여 지각 밖으로 빠져나가 동물들의 신경 호르몬을 자극합니다. 즉 세로토닌을 많이 분비시키는 촉진제 역할을 하지요.

세로토닌의 분비가 활발해지면 동물들은 위기를 느끼고 불안해져요. 그래서 평소와 다르게 그 지역을 벗어나려고 행동하지요. 그것이 학자들이 생각하는 동물들의 이상 행동이에요.

동물들은 정말로 지진의 위험성을 미리 감지하고 피했던 것일까요? 호기심이 많은 친구가 나중에 이 수수께끼에 대해 좀 더 깊이 연구해 보도록 해요.

13 지진이 났을 때 어떻게 하지?

지진을 예측하면 예방할 수 있어요

한반도는 지진이 많은 일본보다 안전한 편에 속해요. 그렇다고 지진을 무시할 만큼 안전하지는 않습니다. 여러분은 우리나라에서 일어나는 지진의 실체를 텔레비전을 통해 종종 보았을 거예요. 지진은 다른 사람에게만 일어나는 것이 아닙니다. 언제든지 누구에게 닥쳐올 수 있는 재난이에요. 그에 대비하는 자세도 중요하답니다.

지진을 대비해 나라에서는 전 지역에 지진 관측소를 설치하여 땅의 움직임을 살핍니다. 땅의 힘이 어떻게 작용하고 있는지 측정하여 24시간 지켜보지요. 이것이 가장 좋은 대비 방법이에요. 관측소에서 지진의 움직임이 감지되면 방송을 통하여 사전에 알려 줄 수 있습니다. 재난 지역에서 직접 사이렌이나 방송으로 대피 명령을 내릴 수도 있고요. 해안가에서는 쓰나미가 닥칠 때 경보를 울리지요.

수평동 지진계　수직동 지진계

지진이 일어났을 때 행동 요령

우리 주위에서 지진이 발생하면 어떻게 대처해야 할까요? 막상 지진이 일어나면 여러분은 놀라고 당황해서 아무 생각이 나지 않을 수도 있어요. 건물 안에서 전등이 흔들리고 유리창이 깨지는 상황이라면 누구든지 공포를 느낄 수밖에 없답니다.

위기 상황이 닥쳤을 때는 정신을 바짝 차리고 침착해야 해요. 급하게 탈출하기 위해 안절부절못하다가는 더 큰 사고를 당하므로 주의해야 합니다.

실내에 있을 때 지진을 만나면 튼튼한 탁자나 책상 밑으로 몸을 숨겨야 해요. 천장이 무너지거나 주위의 살림살이가 쓰러질 수 있으니까요. 그리고 지진이 멈출 때까지 기다려야 합니다. 집이 흔들릴 때 이동하다가 떨어지는 물건에 다칠 수가 있어요.

그러나 허술한 벽돌집이나 흙집에 있다면 얼른 빠져나가는 것이 좋아요. 그러한 집들은 구조가 약해서 한꺼번에 무너질 수 있답니다. 안전하려면 빠른 판단력도 중요하지요.

지진 중에 엘리베이터를 타고 있다면 빨리 내려서 안전한 곳으로 대피해야 합니다. 엘리베이터가 고장 나서 멈출 수도 있고 추락할 수 있으니까요.

학교나 공공장소에서는 선생님이나 안내원의 지시에 따라 행동합니다. 이때는 좁은 통로에 사람들이 한꺼번에 모이기 때문에 질서 있게 움직여야 해요. 절대로 뛰거나 남을 앞질러 가는 행동은 하지 말아야 합니다. 서로 먼저 나가려고 밀치다 보면 아수라장이 되어 큰 사고로 이어질 수 있으니까요.

바깥에 있을 때는 큰 건물 주위에 있지 말아야 합니다. 간판이나 건물의 부속물이 머리 위로 떨어질 수 있어요. 이럴 때는 아예 안전한 건물 안으로 들어가거나 위험성이 적은 너른 공터로 피하는 게 좋습니다.

　산을 이동할 때 지진이 발생하면 그 지역에서 벗어나야 합니다. 지각의 흔들림으로 높은 곳에 있는 돌이나 바위가 굴러떨어질 수 있거든요. 갑자기 산사태가 날 수 있으니 반드시 주의가 필요해요.

　바닷가에서 놀고 있을 때 쓰나미가 일어나면 어떻게 해야 할까요? 무조건 높은 곳으로 몸을 피해야 합니다. 쓰나미는 10미터 이상의 해일을 몰고 육지까지 덮치기 때문에 되도록 멀리 도망치는 게 좋습니다.

지진 관련 상식 퀴즈

01 지진은 '땅이 흔들리는 현상'이에요. (○, ×)

02 지구는 태양에서 셋째로 가까운 행성으로, 유일하게 생명체가 살고 있어요. (○, ×)

03 지구의 단면은 중심으로부터 내핵, (   ), 맨틀, 지각 순으로 포장되어 있어요.

04 지구에 일어나는 지각 운동은 위험하므로 필요하지 않아요. (○, ×)

05 지각은 10여 개의 크고 작은 판(플레이트)으로 나뉘어 있어요. (○, ×)

06 판과 판이 서로 마주 보고 다가가 충돌할 때는 '발산 경계'라고 해요. (○, ×)

07 일본이 지진 때문에 골치를 앓는 이유는 '불의 고리'로 불리는 (   )에 속해 있기 때문이에요.

08 지각 변동으로 지층이 갈라져 어긋난 것을 '단층'이라고 해요. (○, ×)

09 역단층은 상반이 하반보다 아래로 밀려 내려간 단층이에요. (○, ×)

10 우리나라 경주는 예로부터 지진이 단골로 발생하는 지역으로 유명해요. (○, ×)

11 지구 위에서 일어나는 대부분의 지진은 심발 지진이에요. (○, ×)

12 가스 성분이 빠져나간 마그마, 즉 화산의 분화구에서 분출된 마그마를 (   )이라고 해요.

13 바닷속에서 큰 지진이 일어나 해수면에 갑자기 발생하는 거대한 파도를 '지진 해일'이라고 해요. (○, ×)

14 지진이 발생한 장소를 (   )이라고 해요.

15 '규모'는 지진 자체의 크기입니다. (○, ×)

16 리히터 규모는 지진의 크기를 수치화한 것으로, 과학적으로 비교할 수 없어요. (○, ×)

17 우리나라는 미국 캘리포니아 건물들을 기준으로 삼아 수정된 12단계의 수정 메르칼리 진도 계급을 사용하고 있어요. (○, ×)

18 '천재'는 사람이 막을 수 없는 재앙이에요. (○, ×)

19 (   )란 지진이 일어났을 때 진동을 견딜 수 있도록 건축물의 기초를 설계하는 방식을 말해요.

20 우리나라는 지진으로부터 안전해요. (○, ×)

정답
01 ○ | 02 ○ | 03 외핵 | 04 × | 05 ○ | 06 × | 07 환태평양 지진대 | 08 ○ | 09 × | 10 ○ | 11 × | 12 용암 | 13 ○ | 14 진원 | 15 ○ | 16 × | 17 ○ | 18 ○ | 19 내진 설계 | 20 ×

지진 관련 단어 풀이

지각 : 땅껍질. 지구 바깥쪽 표면을 둘러싸고 있는 부분.

지각 운동 : 지각 변동. 지구 내부의 원인 때문에 생기는 지각의 동요와 변형.

자연재해 : 태풍, 가뭄, 홍수, 화산 폭발, 해일 등 피할 수 없는 자연 현상 때문에 일어나는 재해.

진원 : 지구 내부에서 지진이 처음 발생한 지점으로, 최초로 지진파가 발생한 지역. 지진의 원인인 암석 파괴가 시작된 곳으로, 위도와 경도 지표에서부터의 깊이로 표시함.

진도 : 어떤 지역에서 나타나는 지진의 진동 크기나 피해 정도.

전설 : 옛날부터 말로 전해 내려오는 이야기.

신화 : 어떤 대상에게 인간의 능력을 뛰어넘는 신격을 부여하여 꾸며 낸 이야기.

성간 물질 : 별과 별 사이의 공간에 떠 있는 극히 희박한 물질. 성간 가

스, 우주 먼지 등이 있음.

항성 : 붙박이별. 태양, 북극성, 북두칠성처럼 천구(天球) 위에서 위치를 바꾸지 않는 별.

은하 : 천구 위에 구름 띠 모양으로 길게 모여 있는 수많은 천체의 무리.

행성 : 중심 별의 주위를 일정한 궤도로 돌며 스스로 빛을 내지 않는 천체.

내핵 : 지하 약 5100킬로미터의 깊이에서 지구 중심부에 이르기까지의 부분. 지구 내부 구조 중 온도와 압력이 가장 높음.

외핵 : 지표에서 깊이 2900킬로미터에서 5100킬로미터 사이에 위치한 부분.

맨틀 : 지구 내부의 핵과 지각 사이에 있는 부분. 지구 부피의 83%를 차지함.

미립자 : 물질 중에서 아주 작은 단위의 미세 먼지.

유성 : 지구의 대기권 안으로 들어와 빛을 내며 떨어지는 작은 물체.

혜성 : 꼬리별. 가스 상태의 빛나는 긴 꼬리를 달고 태양계를 누비고 다니는 천체.

인력 : 공간적으로 떨어져 있는 물체끼리 서로 끌어당기는 힘.

미행성 : 미세한 행성. 이름 없이 우주를 떠다니는 작은 덩어리.

증발 : 액체 상태의 물질이 기체로 변하는 현상.

화산 활동 : 땅속 깊은 곳에 있는 마그마가 지각의 약한 틈을 뚫고 지표로 빠져나오면서 용암과 화산 기체 등을 분출하는 현상.

마그마 : 지각 속에서 암석이나 광물질이 액체로 뜨겁게 녹아 있는 상태.

고생대 : 지질 시대의 구분에서 원생대와 중생대 사이의 시기로, 지금부터 약 5억 7000만 년 전부터 2억 4000만 년 전까지.

중생대 : 고생대와 신생대 사이의 시기로, 지금부터 약 2억 4500만 년 전부터 약 6500만 년 전까지.

오대양 : 지구를 둘러싸고 있는 다섯 개의 큰 바다. 태평양, 인도양, 대서양, 북극해, 남극해.

육대주 : 지구 위의 여섯 개의 큰 대륙. 유럽, 아시아, 아프리카, 남아메리카, 북아메리카, 오세아니아.

대류 : 기체나 액체에서, 물질이 위아래로 이동함으로써 열이 전달되는 현상.

해저 : 바다의 밑바닥.

해령 : 해저 산맥. 4000~6000미터 깊이의 바다 밑에 산맥 모양으로 솟은 지형.

판(플레이트) : 지구의 겉 부분을 둘러싸는, 두께 100킬로미터 안팎의 암석 판.

상호 작용 : 상대가 되는 이쪽과 저쪽, 서로에게 어떠한 현상을 일으키거나 영향을 미치는 일정한 작용.

환태평양 지진대 : 태평양 주변의 대륙과 해양과의 경계 부근에 있는 지진대. 세계에서 가장 큰 지진대이며, 거대 지진의 대부분이 여기서 발생하고 있음.

알류샨 열도 : 태평양 북부, 알래스카반도와 캄차카반도 사이에 활 모양으로 늘어서 있는 섬의 무리. 군사적 요충지로 대부분이 미국령임.

융기 : 땅이 기준면에 대하여 상대적으로 위로 솟아오르는 현상.

너울 : 바다의 크고 사나운 물결.

리히터 규모 : 1935년 미국 지질학자 찰스 리히터가 지진의 규모를 비교할 수 있도록 제안한 단위.

지진계 : 지진의 진동을 자동적으로 기록하는 기계로 크게 수직동 지진계와 수평동 지진계로 나뉨. 지진의 강도와 방향 따위를 알 수 있음.

진폭 : 진동의 폭. 진동의 중심으로부터 최대로 움직인 거리.

내구성 : 물질이 원래의 상태에서 변질되거나 변형됨이 없이 오래 견디는 성질.

삼국사기 : 고려 인종 23년(1145)에 김부식이 왕명에 따라 펴낸 역사책.

삼국유사 : 고려 충렬왕 7년(1281)에 승려 일연이 쓴 역사책.

고려사 : 조선 시대에, 세종의 명으로 정인지, 김종서 등이 편찬한, 고려조에 관한 기전체 역사책.

조선왕조실록 : 조선 태조 때부터 철종 때까지 25대 472년 동안의 역사적 사실을 편년체로 쓴 역사책. 국보 제151호로, 1997년에 유네스코 세계 기록 유산으로 지정됨.

일제 강점기 : 일본에게 강제로 나라를 빼앗긴 1910년부터 해방된 1945년까지.

안전지대 : 어떤 재해에 대하여 위험이 없는 지대.
예감 : 어떤 일이 일어나기 전에 암시적으로 또는 본능적으로 미리 느낌.
육감 : 눈, 귀, 혀, 코, 피부로 느끼는 오감 이외의 감각. 일반적으로 도무지 알 수 없는 사물의 본질을 직감적으로 포착하는 심리 작용.
유라시아 판 : 유럽과 아시아 대륙을 포함하는 판.
인도 판 : 인도-오스트레일리아 판의 일부로서, 인도 대륙과 인도양의 해분을 포함함.
저주파 : 주파수가 낮은 파동이나 전자기파.
전기 에너지 : 전하가 전기장 안에 존재함으로써 가지는 에너지. 또는 전류가 자기장 안에서 가지는 에너지.

부록 정답

❶ 규모 0~1.9 ❷ 규모 2~2.9 ❸ 규모 4~4.9 ❹ 규모 5~5.9
❺ 규모 7~7.9 ❻ 규모 8~8.9
ㄱ 진도 3 ㄴ 진도 4 ㄷ 진도 6 ㄹ 진도 8
ㅁ 진도 11 ㅂ 진도 12